CW00347459

Dieta Cetogénica Para Principiantes

Método de dieta cetogénica para perder peso extremadamente rápido: ¡Recetas paso a paso con proporciones de nutrientes incluidas para que cocines en casa!

Sergio Frias

Aviso Legal

Índice

Introducción

Si deseas cumplir con tus metas de pérdida de peso y mejorar tu salud y bienestar personal, lo primero que debes hacer es modificar tus hábitos alimenticios. Aunque esto pudiera sonar muy simple al principio, muchas personas tienden a caer en lo que se conoce como "ingesta desenfrenada" o "trastorno de atracón" (conocido en lengua inglesa como Binge Eatin), solo logrando ganar más peso del que tenían en un inicio. Esto suele suceder gracias a la aplicación de dietas muy estrictas que prometen una pérdida de peso rápida en periodos de tiempo reducidos. El punto que estas dietan evitan tocar es el tema de la psicología, un aspecto básico de un plan alimenticio bien desarrollado y saludable. No es un secreto que a las personas les encanta comer y el abandonar sus alimentos favoritos, incluso por un periodo corto de tiempo puede causar (y lo hará) lo que se conoce como un efecto de yo-yo, el cual no es más que la respuesta natural del cuerpo humano al "modo de hambruna" al que se está sometiendo la persona, para lograr rebajar unos cuantos kilos. Por lo tanto, es extremadamente importante utilizar un plan de dieta que este científicamente comprobado y que te permita comer todos los alimentos deliciosos que adoras al mismo tiempo que logras que tu cuerpo pierda cualquier exceso de peso que pudiera conseguir.

La dieta cetogénica es una sensación mundial que es seguida por millones de personas, ya que es una manera simple y saludable de perder peso mediante lo que conocemos como el estado metabólico de la "cetosis", en pocas palabras, es la propia comida la que te hace quemar grasas, al reducir los niveles de insulina presentes en la sangre. Mejor aún, los altos niveles de proteínas y grasas, las cuales son la base fundamental de la dieta cetogénica, son quienes harán que tu estomago se sienta lleno durante horas y reduzcan la sensación de apetito.

El enfoque principal de este libro de cocina es el de incorporar un plan de alimentación balanceado y saludable a tu atareado horario. Las recetas presentes en este libro se dividirán entre desayuno, almuerzo, cena y bocadillos, presentando al mismo tiempo varias opciones para realizar comidas sencillas que puedes preparar en un santiamén. Lo mejor de todo es que las recetas escogidas para ser plasmadas aquí, pueden mantenerse refrigeradas por un par de días, sin ningún problema en absoluto, lo cual puede ser beneficioso para ti si eres de esas personas ocupadas que no tienen tiempo para cocinar constantemente o simplemente no deseas pasar horas preparando y cocinando platillos complejos. Simplemente puedes escoger un par de recetas que parezcan apetitosas y preparar varias raciones durante el fin de semana y de esta manera, tendrás alimentos cetogénicos listos para el resto de tu semana. Recuerda que esta dieta se basa en los alimentos que puedes consumir sin que tu cuerpo se sienta en la necesidad de almacenar grasas extra, de esta forma, los alimentos que consumes son mucho más importantes que su contenido calórico. El tener un plan de comidas balanceado en combinación con un par de platillos deliciosos te llevarán, con toda seguridad, por el camino del éxito.

Esta maravillosa colección de deliciosas recetas cetogénicas te dará exactamente eso, una cantidad perfecta de grasas y proteínas beneficiosas junto con cantidades moderadas de carbohidratos buenos en la forma de fibras dietarías. Las comidas como el Omelete de Espinaca, Huevos con Aguacate Horneado, Pechuga de Pavo a la Parrilla y Filete de Salmon con Espinaca y Ajo, te darán todos los nutrientes esenciales que tu cuerpo necesita diariamente, mientras que al mismo tiempo te mantiene dentro de los límites recomendados de carbohidratos.

Este libro de cocina te ofrece una amplia gama de recetas para comidas cómodas y desayunos tradicionales como los Panqueques Simples Keto con Crema de Frambuesa, Tazón de Pistachos y Fresas e incluso el favorito de todos, Batido de Chocolate. La clave yace en la moderación y en mantener los carbohidratos al mínimo, para así generar un inicio perfecto hacia una pérdida de peso rápida.

Recuerda, el verdadero éxito siempre empieza con un buen plan y ten por seguro que este libro de cocina esta en tus manos para darte precisamente eso. !Disfrútalo!

Sergio Frias

¿Es esta la dieta correcta para ti?

Existen miles de dietas en el mundo y muchas de ellas te harán creer que comer grandes cantidades de comida es lo opuesto a perder peso y déjame decirte, ¡No podrían estar más equivocados! Este libro de cocina te mostrará lo fácil que es disfrutar de tus comidas favoritas y perder todo ese peso no deseado, todo al mismo tiempo.

Ahora, hablemos de esta dieta. ¿Qué es todo ese alboroto de la dieta Cetogénica? ¿Por qué es tan efectiva?, preguntas muy fáciles de responder. La dieta Keto (o cetogénica) se trata de perder peso mediante el estado metabólico de la cetosis. Como mencione anteriormente, todo se trata de los tipos de comidas que consumas. Al contrato del estado usual de la glucólisis, donde tu cuerpo utiliza la glucosa para generar energía y almacenar las calorías extra como grasas, la cetosis convierte los ácidos grasos en ketones, los cuales ayudan a mantener nuestros niveles de insulina y azúcar en la sangre en rangos estables.

Primero, deberás entender que la adaptación toma alrededor de tres semanas, es importante ser paciente. Durante este tiempo, trata de reducir los carbohidratos y reemplazarlos con alimentos altos en proteínas y grasas. Estos alimentos ayudarán a que tu cerebro utilice los ketones en lugar de la glucosa. Pero ¿Qué significa esto?, tu cuerpo no descompondrá las proteínas en busca de energía, sino que en cambio utilizará su propia grasa, logrando que la pérdida de peso sea mucho más sencilla. Por lo tanto, es importante entender tu sistema metabólico y necesidades nutricionales. Existen dos componentes principales en este plan dietético, las proteínas y las grasas. Seguir la dieta Keto significa simplemente reemplazar todos los carbohidratos innecesarios, altamente procesados y poco saludables con otros nutrientes que tu cuerpo pueda usar para generar energía. Hay muchos alimentos además de los carbohidratos que entregarán a tu cuerpo todo lo que necesita al mismo tiempo que te harán sentir satisfecho durante horas:

Distintos tipos de carne y mariscos – Una de las partes más importantes de cualquier plan de comida cetogénico son, sin duda alguna, los distintos tipos de carne, aves, pescados y mariscos. Estos alimentos están cargados con proteínas, ayudando a generar masa muscular además de proveerte suficiente energía durante todo el día. Es más, algunos tipos de pescados como el salmón, atún y otras especies de peces grasos, están cargados con ácidos grasos Omega-3, un elemento crucial para el funcionamiento normal y saludable del cuerpo.

Huevos – tanto la yema como la clara. No te preocupas, se creía popularmente que la yema de los huevos causaba incrementos estruendosos en el colesterol, sin embargo, este mito se ha comprobado como falso por la ciencia. En el plan de dieta Keto, puedes comer 1 o 2 huevos enteros al día.

Soya/Tofu – Sin duda alguna, una de las mejores fuentes de proteínas que necesitaras para tu estilo de vida cetogénico. También conforma la parte más importante de la dieta keto para los veganos y vegetarianos. La soya, junto con otros productos derivados de la misma, están cargados de proteínas y pueden reemplazar sin problemas a la carne en la mayoría de las recetas.

Lácteos/Productos no lácteos (limitado) – La leche, leches vegetales, queso y distintos tipos de yogurts vegetales están permitidos en la dieta cetogénica, pero en cantidades pequeñas y limitadas. Si bien estas contienen cantidades moderadas de proteínas, también contienen cantidades de carbohidratos por gramo mayores a los demás elementos de esta lista. Cómelos moderadamente y siempre asegúrate de leer la etiqueta en búsqueda de opciones libres de azúcar. Al igual que otros alimentos, los lácteos/productos no lácteos son una opción excelente para utilizar en distintas recetas si mantienes el contenido de carbohidratos al mínimo.

Nueces y Semillas – No hay necesidad de decirte lo saludable y nutritivos que son estos productos. Úsalos en tu desayuno, almuerzo o como simples bocadillos. ¡Pueden adaptarse a casi cualquier combinación que puedas imaginar!

Otra parte importante de la dieta keto es la grasa. Estas pueden ayudarte a combatir los niveles de colesterol o a alimentarlo. Es importante que conozcas que son realmente las grasas antes de que puedas combatirlas ¡Conoce a tu enemigo antes de enfrentarlo!

"Grasa" parece ser una palabra horrible para muchos de nosotros, pero ¿alguna vez te has preguntando cual es el alboroto alrededor de la grasa?

Primero, debes entender que la grasa alimenticia es distinta a la grasa corporal. Es normal que la falta de conocimiento sobre nutrición haga pensar a muchos que la grasa alimenticia es mala. Es una simple asociación de palabras, donde el oír la palabra "grasa" automáticamente se asocia con la grasa existente en tu abdomen. Aunque las grasas se hayan ganado una mala reputación debido a su efecto en la salud cardiaca y la obesidad, algunas de ellas son esenciales para la salud y el bienestar general. Las grasas ayudan a la absorción de carotenoides y vitaminas solubles en grasas (Vitamina A, D, E y K).

Consume ácidos grasos esenciales para el cuerpo, que este no puede fabricar por su cuenta, como el Omega-3, una grasa no saturada que debemos consumir en nuestras dietas. Esta es la razón de que este libro incluya al aceite de oliva en la mayoría de las recetas, ya que es una fuente excelente de ácidos grasos Omega-3, que tu cuerpo no puede producir por su cuenta. Naturalmente, otros tipos de aceites, o incluso mantequilla, están permitidos en la dieta keto, pero, como dije antes, algunas grasas son simplemente más saludables que otras. Aparte del aceite de oliva, otra fuente excelente de grasas es, sin duda alguna, el aceite de coco, considerado uno de los súper alimentos más poderosos del mundo y es uno de los aceites más saludables que puedas conseguir en el mercado. Debido a su sabor único, el aceite de coco es una opción perfecta para distintas recetas "dulces" como los batidos, panqueques, etc.

Por el momento, deberías haberte dado cuenta que una dieta keto es más que nada, un estilo de vida que millones de personas deciden seguir cada año. Este maravilloso plan alimenticio te ayudará a perder esa grasa indeseada y te llevará por el camino de una vida saludable y perfectamente balanceada. ¡Permite que este libro sea tu guía en tu nueva vida cetogénica y te ayude a crear comida hermosas y deliciosas para toda la familia!

Conceptos Básicos Cetogénicos

Como dije antes, una combinación nutritiva de grasas y proteínas puede crear un estado especifico de cetosis y lograr que tu cuerpo utilice su propia grasa, haciéndote perder ese exceso de peso que todos detestamos. Así que, si quieres un plan de pérdida de peso extremadamente rápido y efectivo, ¡Bienvenido al estilo de vida Cetogénico!

La dieta cetogénica o keto, es una dieta basada en bajos carbohidratos y altas grasas. Muchos estudios científicos han demostrado que esta dieta ofrece amplios beneficios a la salud. Este estilo de vida te ayudará a perder peso y mejorar tu salud.

A diferencia de otras dietas comunes que evitan las grasas, la dieta keto se enfoca completamente en ellas. Remover los carbohidratos y reemplazarlos con grasas es una manera comprobada de prevenir o revertir la diabetes tipo 2. Es natural que un cuerpo activo transforme las grasas en combustible o energía.

Así que, todos los carbohidratos que comemos son descompuestos en moléculas diminutas llamadas glucosa. La glucosa obliga a nuestro cuerpo a producir insulina, el transmisor principal de carbohidratos hacia las células. Estos carbohidratos son utilizados inmediatamente como energía o bien, son almacenados.

Entonces, ¿Qué hace que la dieta keto sea distinta a las demás?

Dicho de manera simple, al estar en una dieta alta en carbohidratos, nuestro cuerpo utiliza glucógeno como principal fuente de energía, por lo tanto, las grasas son almacenadas, lo que se traduce en kilos extra. Sin embargo, la dieta keto convierte las grasas en glucosa. En el momento que los niveles de glucógeno (una forma de azúcar) estén bajos, nuestro cuerpo usará las grasas almacenadas y las transformará en energía. Esta simple reacción química que sucede en nuestro organismo es utilizada entonces como base fundamental para el plan de pérdida de peso más efectivo en existencia. ¡Utiliza estos datos para deshacerse de esos kilitos extras de una vez por todas!

Beneficios de la Dieta Keto y Planes de Comidas

El nivel de transformación corporal de las personas que se han apegado a la dieta keto ha sido conocida mundialmente durante décadas. Los resultados surgen debido a un consumo moderado de proteínas, alimentos altos en grasas y una restricción en la ingesta de carbohidratos.

La dieta keto tiene una gran cantidad de beneficios comprobados.

Uno de los primeros "efectos secundarios" de una dieta keto, es la instantánea reducción del apetito. A diferencia de otras dietas, es mucho más simple continuar si no se siente hambre y se pierde el apetito. Esto, en combinación con una amplia cantidad de deliciosas recetas que complacerán todos tus antojos, esta dieta se convierte en un arma poderosa para perder peso y resolver varios problemas de salud.

En el 2013, estudios demostraron que las personas que han reducido su ingesta de carbohidratos, poseen una ventaja inmensa en lo que respecta a no sufrir de enfermedades crónicas, causantes de la muerte. Alrededor de 70.000 personas formaron parte de este proyecto y alrededor de 12% de estas tuvieron un menor riesgo mortal en comparación a las personas cuyos planes de comidas estaban cargados de azucares altamente procesadas. Al contrario de lo que puedas pensar, las personas que siguieron este plan de comidas en particular, mostraron niveles de colesterol increíblemente bajos, su presión sanguínea usualmente normal y su salud general fue mucho mejor. Esta dieta ha mostrado resultados asombrosos en lo que respecta a mantener a la diabetes bajo control. Cuando se utiliza en combinación con otros alimentos saludables como cortes magros de carne, pescado y aceite de oliva ¡los resultados fueron maravillosos! Sin embargo, la dieta por sí sola no curará la enfermedad, pero sin dudas ayudará a mantener los niveles de azúcar en la sangre bajo control al igual que mantener un peso estable, lo cual es inmensamente importante para los pacientes diabéticos.

A pesar de las muchas ventajas, en ocasiones puede ser un poco difícil el seguir un plan de dieta en específico, incluyendo este. Al igual que muchas otras personas, posiblemente tu horario este ocupado por la familia, trabajo y otros asuntos importantes. Naturalmente, bajo estas situaciones, puede ser difícil pasar varias horas frente a la cocina y mantener horarios de comida y si deseas tener éxito en perder peso, probablemente debas hacer algo con respecto a esto. Planear tus comidas y tiempos de cocina por adelantado puede ser un salvavidas. Bueno, lo mejor es cocinar y comprar inteligentemente y con la ayuda de un par de consejos, serás capaz de mantener tu dieta organizada y preparar todo lo que necesidad para la semana que está por venir.

Empieza a desarrollar el hábito de cocinar tus comidas por adelantado, planéalas y prepara los alimentos en varias tandas que te durarán por un par de días. Cocinar tus comidas en cantidades suficientes es una excelente opción, especialmente en lo que respecta a las recetas para almuerzos y cenas que puedes llevar fácilmente al trabajo.

Si estas preparando algo para la cena, cocina algo para el desayuno y el almuerzo al mismo tiempo, prepara algo que puedas guardar en el refrigerador que puedas calentar luego o comer frio. Necesitaras muchos contenedores de comida, pero valdrá la pena.

Además, cada vez que abras el refrigerador o sientas la necesidad de un bocadillo, puedes sacar un poco de pollo horneado, salmón a la parrilla o vegetales hervidos y preparar algo rápidamente. De esta manera, siempre tendrás comidas saludables a tu disposición y no necesitaras hacer trampa en tu dieta.

Asegúrate de planear tus comidas con varios días de antelación, esto puede facilitar tus esfuerzos en la cocina. Cuando tienes que preparar algo inmediatamente, es más tentador escoger ingredientes pocos saludables.

Al planear todo por adelantado, puedes asegurarte que comerás alimentos saludables y adaptados a la dieta keto. Es más, de esta manera puedes cocinar platillos para toda la semana con facilidad.

Escoge un día, mantén una lista de recetas a la mano y simplemente pasa ese día cortando, hirviendo, asando y cocinando varias recetas asombrosas que puedes guardar y refrigerar fácilmente. No te decepcionaras.

Una vez que hayas planeado tus comidas, escribe una lista de víveres que contenga todos los ingredientes que necesitarás para cocinarlas. Después de preparar tu lista, ve a la tienda y compra en cantidades suficientes. Esto ayuda a reducir costos en comparación a cuando realizabas compras rápidas para un día en específico.

Es más, no tendrás ese miedo de perder los ingredientes ya que puedes cocinarlos todos juntos y, en caso que necesites hacer más comidas, puedes ir a la tienda y comprar más. Esto evita que pierdas tiempo, ingredientes y dinero.

Alimentos Permitidos en una Dieta Keto

La dieta keto usualmente se asocia con muchas carnes, huevos, grasas y productos lácteos, lo cual es casi cierto. Por otro lado, los expertos en salud recomiendan comer muchos frutos, vegetales y legumbres, los cuales están llenos de carbohidratos. Así que, dos preguntas vienen a la mente, ¿Cómo se puede combinar estos dos conceptos? Y ¿Es posible hacerlo?

Primero que nada, es realmente sencillo seguir los principios keto, incluso si deseas obedecer las reglas básicas de una buena nutrición. Cortes magros de carne, productos lácteos como el queso y el yogurt, huevos y nueces son, sin duda alguna, una excelente fuente de proteína y otros nutrientes importantes necesarios para el cuerpo. El aguacate, aceite de oliva, aceite de coco, aceite de aceite de linaza y otros, por otro lado, ¡son grasas puras y saludables! Naturalmente, obtendrás una buena cantidad de grasas de la carne, sin embargo, ten en cuenta que las grasas vegetales siempre serán una mejor opción para tu cuerpo.

En cuanto a los vegetales, se te permite comer casi todos, vegetales de hojas verde, tomates, coliflor, cebolla, pimiento, brócoli, calabacín, coles de Bruselas, todas estas son aceptables en la dieta keto, bajos en carbohidratos y opciones ricas en fibra. Sin embargo, asegúrate de controlarlos. Aunque los vegetales sean extremadamente ricos en fibras y bajos en carbohidratos netos, debes recordar que también contienen pequeñas cantidades de azúcar (más o menos, dependiendo del tipo de vegetal), es por esto que deberías comer cantidades limitadas de vegetales como tomates, pimientos y zanahorias.

Otra planta que deberías usar es el aguacate. Este es un súper alimento que contiene grandes cantidades de grasas monoinsaturadas, muchas vitaminas y otros nutrientes. La mayoría de su contenido es fibra y a diferencia de otros carbohidratos no fibrosos, no afectará el estado de cetosis de tu cuerpo.

Las nueces siempre son una buena opción para los seguidores de esta dieta. Ciertamente contienen carbohidratos, pero no necesitas preocuparte de eso, ya que es una dosis normal y diaria permitida en tu dieta. Las nueces también son ricas en grasas, aceites y otros nutrientes. Las almendras son un ingrediente inevitable cuando se habla de la dieta keto. Estas maravillosas nueces puedes ser utilizadas crudas o incluso reemplazar la harina alta en carbohidratos en tus recetas horneadas.

Hoy en día, tenemos muchos productos bajos en carbohidratos a nuestra disposición, desde distintos tipos de bocadillos hasta enrollados bajos en carbohidratos, pastas, panes, etc. ¡Definitivamente puedo decir que no te perderás de nada!

Alimentos Eliminados en una Dieta Keto

En los que respecta a esta categoría, es bastante obvio. No se permite comer nada que sea rico en carbohidratos, incluyendo todos los granos: trigo, centeno, avenas, cebada, trigo integral, sarraceno, maíz, etc. Pero tambien incluye todos los productos hechos con estos granos como son la corteza de los pasteles, pan, enrollados, buñuelos, galletas saladas y dulces, etc. Estos alimentos están llenos de carbohidratos y evitarán tu estado de cetosis.

Pero los carbohidratos no son tu única preocupación. La dieta keto promueve alimentos crudos y saludables, por lo tanto, todos los alimentos altamente procesados deben salir de tu menú. Deberás evitar todo lo que puedas conseguir fácilmente en tiendas como salsas, cremas, marinadas pre-fabricadas, etc. Estos alimentos no son buenos para ti y más veces que no, contienen muchos azucares y otros ingredientes no cetogénicos.

Aunque esta dieta permite las grasas, hay algunas de las que deberás alejarte. Los productos como el aceite de maíz, aceite de girasol, aceite de algodón, aceite de soya, margarina, etc. No serán permitidos en tu nuevo estilo de vida.

¡Frutas! Sí, todos estamos de acuerdo en que las frutas son saludables y deliciosas, sin embargo, contienen altas cantidades de azúcar, la cual en definitiva no es buena para la cetosis. Puedes utilizar pequeñas cantidades de frutas bajas en azúcar para tu desayuno, como las bayas, pero en general, asegúrate de mantenerlas al mínimo.

¡El alcohol debe salir inmediatamente! Pero además de esto, deberás alejarte de las sodas, bebidas dulces y todo lo que contenga amplias cantidades de azúcar. Ahora, podrías preguntarte ¿Y qué pasa con las sodas libres de azúcar? Lamento decírtelo, pero estas también están prohibidas, ya que te harán más mal que bien. Aumentarán tus subidas de azúcar y antojos ¡Es mejor alejarse de ellas!

Otros alimentos altos en carbohidratos también deben excluirse como las papas, frijoles, calabaza, guisantes y alimentos similares que no sean beneficiosos para la dieta keto.

Y eso es básicamente todo, por los momentos sabes todo lo que se necesita saber sobre el estilo de vida cetogénico.

¡Mantente feliz, saludable y disfruta tu nuevo estilo de vida!

Plan de Comidas de 3 Semanas

Semana 1

	Desayuno	Almuerzo	Bocadillo	Cena
Día 1	Huevos de Aguacate Horneados	Carne de Hamburguesa Keto	Batido de Helado de Fresa	Calamar relleno con Romero y Puré de Tomate y Aceituna
Día 2	Batido de Chocolate	Calamar relleno con Romero y Puré de Tomate y Aceituna	Muffins de Espinaca con Nueces	Carne de Hamburguesa Keto
Día 3	Huevo Frito con Ajo	Carne de Hamburguesa Keto	Bolitas Crudas de Espinada con Almendras	Carne de Hamburguesa Keto
Día 4	Panqueques keto simples con crema	Calamar relleno con Romero y Puré de	Malteada de Aguacate y Crema de Almendra	Calamar relleno con Romero y Puré de

	de frambuesa	Tomate y Aceituna		Tomate y Aceituna
Día 5	Malteada de Pastel de Manzana	Costilla con Cebollas Carameliza das	Helado de Cereza	Bistec de Costilla con Cebollas Carameliza das
Día 6	Avellana y Quinoa con Jengibre	Pechuga de Pollo con Espinaca	Malteada Energética de Limón y Jengibre	Bistec de Costilla con Cebollas Carameliza das
Día 7	Tazón de Pistachos y Fresas	Costilla con Cebollas Carameliza das	Malteada de Bayas Surtidas	Pechuga de Pollo con Espinaca

Semana 2

	Desayuno	Almuerzo	Bocadillo	Cena
Día 1	Panqueques keto simples con crema de frambuesa	Filete de Salmón con Espinaca y Ajo	Batido de Helado de Fresa	Kebab de Ajo
Día 2	Huevos Fritos con Ajo y Espinaca	Kebab de Ajo	Filete Rib Eye y Ensalada de Aguacate	Filete de Salmón con Espinaca y Ajo
Día 3	Tazón de Pistachos y Fresas	Filete de Salmón con Espinaca y Ajo	Malteada de Aguacate y Crema de Almendra	Filete de Salmón con Espinaca y Ajo
Día 4	Malteada de Pastel de Manzana	Kebab de Ajo	Malteada de Chocolate y Banana	Kebab de Ajo
Día 5	Malteada de Frambuesa Congelada	Albóndigas de Res	Ensalada de Salmón Frito	Albóndigas de Res

Día 6	Batido de Chocolate	Ensalada de Atún	Helado de Cereza	Albóndigas de Res
Día 7	Huevos de Aguacate Horneados	Albóndigas de Res	Bolitas Crudas de Espinada con Almendras	Ensalada de Atún

Semana 3

	Desayuno	Almuerzo	Bocadillo	Cena
Día 1	Omelette de Espinaca	Alitas de Pollo con Ají	Ensalada de Muslo de Pollo con Champiñones	Alitas de Pollo con Ají
Día 2	Huevos de Aguacate Horneados	Bistec de Res y Ensalada	Helado de Arándanos	Ensalada de Bistec de Res
Día 3	Tazón de Pistachos y Fresas	Bistec de Res y Ensalada	Malteada de Bayas Surtidas	Alitas de Pollo con Ají
Día 4	Avellana y Quinoa con Jengibre	Alitas de Pollo con Ají	Malteada Energética de Limón y Jengibre	Alitas de Pollo con Ají
Día 5	Batido Verde Limpiador	Curry de Pollo	Brochetas Picantes de Camarón	Ensalada de Bistec de Res
Día 6	Batido de Banana y Moras	Curry de Pollo	Muffins de Espinaca con Nueces	Ensalada de Bistec de Res

Día 7	Batido de Chocolate	Curry de Pollo	Creme Brulee	Filete de Res a la Parrilla

Recetas para el Desayuno

Malteada de Pastel de Manzana

Servicios: 2

Tiempo de preparación: 10 minutos

Tiempo de cocción: - minutos

Ingredientes:

¼ de una manzana pequeña

½ taza de crema de coco

1 taza de cubos de hielos

¾ de taza de leche de almendra sin azúcar

2 cucharas de estevia granulada

½ cucharadita de canela molida

¼ de cucharadita de nuez moscada molida

1/8 de cucharadita de clavos de olor molidos

Preparación:

Enjuaga la manzana y sécala con papel de cocina. Colócala en una superficie limpia y con un descorazonador de manzanas, remueve la parte central y semillas. Corta en 4 piezas iguales y déjalas a un lado.

Coloca ¼ de la manzana junto con el resto de los ingredientes en una licuadora y mezcla hasta que este homogéneo y cremoso. Opcionalmente, puedes añadir ¼ de cucharadita de jengibre rallado fresco.

Información nutricional por servicio: Calorías: 168, Proteínas: 1.8g, Carbohidratos totales: 7.8g, Fibra alimenticia: 2.4g, Carbohidratos netos: 5.4g, Grasas totales: 15.7g

Tazón de Pistacho y Fresas

Servicios: 3

Tiempo de preparación: 5 minutos

Tiempo de cocción: -

Ingredientes:

1 taza de yogurt griego

¼ de taza de leche de coco entera

¼ de taza de frambuesas frescas

1 cucharadita de extracto de fresa

¼ de taza de pistacho

1 cucharada de semillas de sésamo

1 cucharada de semillas de linaza

1 cucharada de aceite de coco

Preparación:

Combina todos los ingredientes en una licuadora y mezcla hasta que este homogéneo. Si la mezcla queda muy espesa, añade un poco de leche de almendra o coco.

Opcionalmente, puedes agregar algo de fruta, nueces y semillas.

Información nutricional por servicio: Calorías: 201, Proteínas: 9.3g, Carbohidratos totales: 7.9g, Fibra alimenticia: 2.6g, Carbohidratos netos: 5.3g, Grasas totales: 15.3g

Avellana y Quínoa con Jengibre

Servicios: 3

Tiempo de preparación: 5 minutos

Tiempo de cocción: -

Ingredientes:

1 cucharada de quínoa cocinada

½ taza de leche de almendra sin azúcar

½ taza de leche de coco entera

1 onza de avellanas

1 cucharadita de jengibre fresco rallado

1 cucharada de cacao en polvo sin azúcar

2 cucharadas de estevia en polvo

1 cucharada de mantequilla de maní, derretida

1 cucharada de semillas de chía

Preparación:

Combina todos los ingredientes en una licuadora y mezcla hasta se incorpore. Opcionalmente puedes añadir algo de estevia o incluso algunas gotas de extracto de vainilla. Puedes agregarle tus frutas o nueces preferidas y servir inmediatamente.

Información nutricional por servicio: Calorías: 228, Proteínas: 5.7g, Carbohidratos totales: 10.9g, Fibra alimenticia: 4.9g, Carbohidratos netos: 6g, Grasas totales: 20.7g

Batido Verde Limpiador

Servicios: 2

Tiempo de preparación: 10 minutos

Tiempo de cocción: -

Ingredientes:

2 tazas de espinacas picadas

1 cucharada de jugo de limón recién exprimido

2 cucharadas de estevia en polvo

1 cucharada de semillas de sésamo

1 cucharadita de jengibre recién rallado

1 taza de leche de coco

Preparación:

Lava la espinaca bajo agua fría y drena en un colador grande. Con un cuchillo afilado, corta la espinaca en piezas pequeñas y coloca en una licuadora junto con el resto de los ingredientes.

Mezcla hasta que este homogéneo y sirve inmediatamente. Opcionalmente, puedes agregar unas gotas de juego de lima recién exprimido.

Información nutricional por servicio: Calorías: 310, Proteínas: 4.1g, Carbohidratos totales: 9.1g, Fibra alimenticia: 3.6g, Carbohidratos netos: 5.5g, Grasas totales: 31g

Tazón de Coco para Desayuno

Servicios: 2

Tiempo de preparación: 40 minutos

Tiempo de cocción: -

Ingredientes:

1 taza de crema de coco

¼ de taza de crema batida

1 cucharada de aceite de coco

1 cucharadita de extracto de vainilla

2 cucharadas de semillas de chía

¼ de taza de frambuesas congeladas

Preparación:

Añade todos los ingredientes en una licuadora y mezcla hasta que tengas una mezcla similar a la de un batido. Opcionalmente, puedes agregarle extracto de frambuesas y ajustar la estevia al gusto.

Refrigera durante 30 minutos antes de servir.

Opcionalmente, puedes colocarle otras frutas, nueces o semillas.

Información nutricional por servicio: Calorías: 450, Proteínas: 6.3g, Carbohidratos totales: 15.2g, Fibra alimenticia: 8.6g, Carbohidratos netos: 6.6g, Grasas totales: 45.2g

Batido Cremoso de Banana y Canela

Servicios: 2

Tiempo de preparación: 5 minutos

Tiempo de cocción: -

Ingredientes:

¼ de banana congelada

1 taza de leche de almendra sin azúcar

¼ de crema de coco

2 cucharadas de crema de almendra

1 taza de cubos de hielo

1 cucharadita de extracto de vainilla, sin azúcar

1 cucharadita de canela

1 cucharada de estevia granulada

Preparación:

Pela y pica cuidadosamente las bananas y colócala junto con los demás ingredientes en la licuadora. Mezcla hasta que quede homogéneo y sirve inmediatamente.

Información nutricional por servicio: Calorías: 200, Proteínas: 4.8g, Carbohidratos totales: 9g, Fibra alimenticia: 3.1g, Carbohidratos netos: 5.9g, Grasas totales: 18g

Recetas para el Almuerzo

Ensalada de Alas de Pollo

Servicios: 4

Tiempo de preparación: 15 minutos más el tiempo para marinar la carne

Tiempo de cocción: 20-25 minutos

Ingredientes:

1 libra de alas de pollo

¼ de taza de salsa de soya

¼ de taza de salsa picante

2 cucharadas de aceite de oliva

1 cucharadita de romero seco

½ cucharadita de sal

1 taza de lechuga picada

1 taza de repollo picado en tiras

5 tomates cherry picados

1 cucharada de jugo de limón recién exprimido

2 cucharadas de crema agria

Preparación:

Lava las alas y seque con una toalla de cocina. Coloca en una bolsa Ziploc grande. Deja a un lado.

En un tazón mediano, combina con la salsa de soya, salsa picante, aceite de oliva, romero y sal. Coloca la mezcla en la bolsa Ziploc y séllala. Refrigera durante 1 hora.

Precalienta una sartén antiadherente grande. Saca las alas de la marinada y seca con papel de cocina. Cocina durante 20 a 25 minutos, volteando ocasionalmente. De ser necesario, añade algo de marinada mientras cocina. Esto evitará que las alas se peguen unas a otras y añadirá un buen sabor.

Saca del fuego y deja reposar. Lava los vegetales y colócalos en un tazón para servir. Añade las alas y adereza con la crema agria. Rocía con un poco de jugo de limón y sirve.

Información nutricional por servicio: Calorías: 333, Proteínas: 35.7g, Carbohidratos totales: 9.2g, Fibra alimenticia: 2.7g, Carbohidratos netos: 6.5g, Grasas totales: 17.1g

Filetes Marinados de Bagre con Romero

Servicios: 2

Tiempo de preparación: 40 minutos

Tiempo de cocción: 8 minutos

Ingredientes:

1 libra de filete de bagre

2 cucharadas de jugo de limón recién exprimido

½ taza de hojas de perejil finamente picadas

2 dientes de ajo triturados

1 cebolla finamente picada

1 cucharada de eneldo fresco finamente picado

1 cucharada de romero fresco

¼ de taza de vinagre de sidra de manzana

2 cucharadas de mostaza de Dijon

1 taza de aceite de oliva extra virgen

Preparación:

En un tazón grande combina el jugo de limón, hojas de perejil, ajo triturado, cebollas picadas, eneldo fresco, romero, sidra de manzana, mostaza y el aceite de oliva. Revuelve hasta que todos los ingredientes se combinen. Sumerge los filetes en la mezcla y cubre con una tapa bien ajustada. Refrigera durante 30 minutos (hasta 2 horas).

Precalienta un sartén antiadherente grande a fuego medio-alto. Saca los filetes del refrigerador y drénalos, pero guarda la marinada.

Asa durante 4 minutos de cada lado. Añade algo de marinada mientras cocinas para prevenir que los filetes se peguen.

Retira del fuego y sirve inmediatamente.

Información nutricional por servicio: Calorías: 413, Proteínas: 37.1g, Carbohidratos totales: 9.4g, Fibra alimenticia: 2.8g, Carbohidratos netos: 6.6g, Grasas totales: 24.9g

Filetes de Trucha con Salsa de Chile Dulce

Servicios: 4

Tiempo de preparación: 1 hora 15 minutos

Tiempo de cocción: 20 minutos

Ingredientes:

Para los filetes de trucha:

4 piezas de filetes de trucha con piel

¼ de taza de aceite

1 cucharadita de comino en polvo

Sal marina

Para la salsa:

½ taza de vinagre de arroz

¼ de taza de estevia granulada

1 cucharadita de jengibre recién rallado

1 diente de ajo triturado

1 ají pequeño picado

1 cebolla pequeña picada

1 cucharadita de salsa picante

1 cucharada de pasta de tomate

1 cucharadita de almidón de maíz

Preparación:

Enjuaga gentilmente los filetes y sécalos con papel de cocina. Colócalos en un plato grande y deja a un lado.

En un tazón pequeño, mezcla el aceite, comino en polvo y la sal. Cepilla generosamente cada filete con esta mezcla y envuélvelos con papel aluminio. Refrigera durante una hora aproximadamente.

Mientras tanto, coloca todos los ingredientes de la salsa de chile dulce en un procesador de alimentos y mezcla hasta que este homogéneo. Transfiere la mezcla a una cacerola de hierro colado y cocina de 6 a 8 minutos, revolviendo constantemente. Cuando la salsa empiece a espesar, retira del fuego y deja a un lado.

Saca el pescado del refrigerador y colócalo en una sartén antiadherente con la piel hacia abajo. Cocina de 8 a 10 minutos o hasta que se haya cocinado bien.

Cuidadosamente, remueve el pescado de la sartén y rocíalo con la salsa de chile dulce. Sirve inmediatamente.

Información nutricional por servicio: Calorías: 417, Proteínas: 53.8g, Carbohidratos totales: 3.7g, Fibra alimenticia: 0.7g, Carbohidratos netos: 3g, Grasas totales: 17.1g

Bistec de Costilla con Cebollas Caramelizadas

Servicios: 4

Tiempo de preparación: 20 minutos

Tiempo de cocción: 30 minutos

Ingredientes:

4 piezas de bistecs de costilla con hueso

3 cebollas medianas picadas

3 dientes de ajo picados

½ cucharadita de romero seco

¼ de cucharadita de chile en polvo

2 cucharadas de mantequilla

Sal marina y pimienta negra recién molida al gusto

2 cucharadas de aceite de oliva

Preparación:

Frota los bistecs con la sal y la pimienta. Envuelve en film plástico y deja a un lado.

Derrite la mantequilla en una sartén a llama media. Cuando la mantequilla se haya derretido completamente, añade las cebollas y el ajo. Añade el romero seco, chile en polvo, algo de sal y pimienta. Revuelve bien y cocina hasta que las cebollas estén completamente caramelizadas, alrededor de 12 a 15 minutos. Remueve las cebollas de la sartén y añade el aceite de oliva. Calienta y luego añade la carne.

Cocina durante 15 minutos, volteando una vez.

Al finalizar, saca del sartén y añade cebollas. Sirve inmediatamente.

Información nutricional por servicio: Calorías: 519, Proteínas: 21.1g, Carbohidratos totales: 8.6g, Fibra alimenticia: 1.9g, Carbohidratos netos: 6.7g, Grasas totales: 44.5g

Ternera Asada con Puré de Aguacate

Servicios: 8

Tiempo de preparación: -

Tiempo de cocción: 30-35 minutos

Ingredientes:

1 libra de pata de ternera, cortada en trozos pequeños

1 aguacate maduro

1 taza de yogurt griego simple

½ taza de crema agria

2 cucharadas de mantequilla

1 cucharadita de tomillo seco

1 cucharadita de pasta de ajo

3 cucharadas de aceite de oliva

Sal

Preparación:

Saca la carne aproximadamente 30 minutos antes de empezar. Frota con sal y corta en 4 a 6 piezas pequeñas. Deja reposar a temperatura ambiente.

Pela el aguacate y corta en trozos. Coloca en un procesador de alimentos junto con el yogurt griego simple, crema agria, mantequilla, tomillo seco, pasta de ajo y algo de sal. Procesa hasta que la mezcla sea homogénea y refrigera hasta que sea hora de utilizarla.

Cepilla una sartén honda con un poco de aceite y caliente. Añade la carne y cepilla cada pieza generosamente con aceite de oliva. Cocina durante 30 a 35 minutos (dependiendo del tamaño de las piezas) o hasta que se hayan cocinado completamente. Voltea un par de veces mientras se cocina y cepilla cada pieza con un poco más de aceite.

Saca de la sartén y adereza con el puré de aguacate.

Información nutricional por servicio: Calorías: 603, Proteínas: 64.8g, Carbohidratos totales: 6g, Fibra alimenticia: 3.4g, Carbohidratos netos: 2.6g, Grasas totales: 34.5g

Alas de Pollo con Chile

Servicios: 5

Tiempo de preparación: 20 minutos

Tiempo de cocción: 10-12 minutos

Ingredientes:

2 libras de alas de pollo

2 cebolletas picadas

2 onzas de mantequilla ablandada

1 cucharadita de paprika ahumada

1 cucharadita de sal

¼ de taza de salsa de soya

2 cucharadas de salsa de ostras

¼ de taza de vinagre de arroz

2 cucharadas de estevia granulada

1 cucharadita de ajo en polvo

½ cucharadita de ají en polvo

¼ de cucharadita de comino en polvo

2 cucharaditas de almidón de maíz

4 cucharadas de aceite de sésamo

Preparación:

Primero, prepara la salsa de chile. En una cacerola pequeña, combina el aceite, salsa de soya, salsa de ostras, vinagre de arroz, estevia, ajo en polvo, ají en polvo y comino en polvo. Hierve la mezcla y baje el fuego a medio-bajo. Deja cocer a fuego lento durante 5 minutos y entonces revuelve el almidón de maíz. Continúa cocinando durante otros 2 a 3 minutos. Retira del fuego y deja a un lado.

Frota cada alita con mantequilla y coloca en un tazón. Agrega paprika ahumada y sal. Revuelve bien y colócalo en un sartén. Cocina de 3 a 4 minutos de cada lado hasta que este dorado.

Cuando estén listas las alas, saca del sartén y colócalas en un plato para servir. Aderza con la salsa de chile y agrega las cebolletas. Sirve.

Información nutricional por servicio: Calorías: 548, Proteínas: 53.7g, Carbohidratos totales: 3.4g, Fibra alimenticia: 0.6g, Carbohidratos netos: 2.8g, Grasas totales: 33.7g

Trucha Asada con Hierbas

Servicios: 6

Tiempo de preparación: 1 hora 15 minutos

Tiempo de cocción: 10-12 minutos

Ingredientes:

6 piezas de trucha enteras

½ taza de aceite de oliva extra virgen

¼ de taza de jugo de limón recién exprimido

4 dientes de ajo triturados

1 cucharadita de tomillo seco

½ cucharadita de romero seco

1 cucharadita de perejil seco

6 ramitas de romero

Sal marina

Preparación:

Lava y limpia bien el pescado, seca cada pieza con una toalla de cocina y deja a un lado.

En un tazón mediano, combina el aceite de oliva, jugo de limón, ajo triturado, tomillo seco, romero seco, perejil seco y algo de sal marina. Generosamente cepilla cada pescado con la mezcla y llena las cavidades con las ramitas de romero. Transfiere a una bandeja grande y adereza con el resto de la marinada. Envuelve la bandeja con film plástico y refrigera durante 1 hora.

Precalienta una sartén antiadherente o una parrilla eléctrica a temperatura alta. Saca el pescado del refrigerador y cocina de 5 a 6 minutos por lado.

Retira de la parrilla y sirve inmediatamente.

Información nutricional por servicio: Calorías: 529, Proteínas: 65.4g, Carbohidratos totales: 1.1g, Fibra alimenticia: 0.2g, Carbohidratos netos: 0.9g, Grasas totales: 27.9g

Bistec de Ternera con Glaseado de Naranja

Servicios: 4

Tiempo de preparación: 15 minutos

Tiempo de cocción: 50 minutos

Ingredientes:

6 bistecs de ternera sin hueso de 6 onzas cada uno aproximadamente

6 cucharadas de mantequilla derretida

1 cucharada de sal marina

1 cucharadita de hojuelas de pimiento rojo

¼ de taza de salsa de soya

3 cucharadas de jugo de naranja

1 cucharada de estevia granulada

Preparación:

Precalienta el horno a 350 grados. Cubre una bandeja para hornear con aceite de oliva y deja a aun lado.

Saca la carne del refrigerador durante al menos 30 minutos antes de utilizarla. Déjala reposar a temperatura ambiente.

Frota cada bistec con mantequilla y agrega un poco de sal y hojuelas de pimiento rojo. Colócalas en un sartén y agrega alrededor de ½ taza de agua. Cocina durante 45 minutos, volteando una vez llegada la mitad del tiempo.

Mientras tanto, en un tazón pequeño, mezcla la salsa de soya, jugo de naranja y la estevia. Mezcla bien y deja a un lado.

Cuando los bistecs estén casi listos, cúbrelos generosamente con la mezcla y cocina durante otros 5 a 7 minutos.

Sirva inmediatamente.

Información nutricional por servicio: Calorías: 605, Proteínas: 63.4g, Carbohidratos totales: 2.4g, Fibra alimenticia: 0.2g, Carbohidratos netos: 2.2g, Grasas totales: 36.5g

Bistec de Salmón con Lima

Servicios: 6

Tiempo de preparación: 40 minutos

Tiempo de cocción: 10-12 minutos

Ingredientes:

6 piezas de bistec de salmón, aproximadamente de 1 pulgada de grosor

½ taza de aceite de oliva

¼ de taza de jugo de lima recién exprimido

4 dientes de ajo picados

1 cebolla morada picada

1 cucharada de semillas de cilantro

1 cucharadita de paprika ahumada

1 cucharadita de cebolla en polvo

¼ de cucharadita de perejil seco

Sal marina

Preparación:

Lava bien los bistecs bajo agua fría y drena en un colador grande. Frota con sal y deja a un lado.

Ahora, en un tazón mediano, mezcla el aceite de oliva, jugo de lima, ajo picado, cebollas picadas, semillas de cilantro, paprika ahumada, cebolla en polvo y perejil.

Sumerje cada bistec en la mezcla y transfiere a una bandeja grande. Envuelve con film plástico y refrigera durante 30 minutos. Guarda el resto de la marinada.

Cubre el fondo de una sartén con un poco de aceite. Saca los bistecs del refrigerador y colócalos en la sartén. Cubre generosamente con el resto de la marinada y cocina durante 10 a 12 minutos, volteando una vez.

Al estar listos, retira del sartén y sirva.

Información nutricional por servicio: Calorías: 377, Proteínas: 32.8g, Carbohidratos totales: 2.9g, Fibra alimenticia: 0.6g, Carbohidratos netos: 2.3g, Grasas totales: 27.2g

Pollo Horneado con Hierbas y Cebollas

Servicios: 3

Tiempo de preparación: 20 minutos

Tiempo de cocción: 40-45 minutos

Ingredientes:

1 pollo entero (alrededor de 2 libras)

Cáscara de 1 limón

1 cucharada de perejil seco

1 cucharada de tomillo seco

1 cucharada de romero seco

1 cucharada de salvia seca

1/3 de taza de aceite de oliva

1 cebolla pequeña picada

Sal y pimienta

Preparación:

Precalienta el horno a 350 grados. Cubra una bandeja para hornear con papel encerado y deje a un lado.

Combine las cebollas picadas, cáscara de limón y hierbas en un procesador de alimentos y mezcle hasta que quede una pasta homogénea. Transfiera a un tazón y añada el aceite de oliva. Mezcle vigorosamente la mezcla durante 1 a 2 minutos o hasta que todo se mezcle completamente. Deje a un lado.

Saque el pollo del refrigerador y lave bien. Seque con una toalla de cocina. Utilizando tijeras de cocina, corte a cada lado de la columna y cuidadosamente remueva el hueso. Mueva el pollo a una tabla para cortar grande, con la pechuga hacia arriba y presione con sus manos para aplanar el ave tanto como sea posible.

Agregue al pollo la mezcla ya preparada y coloque en el papel encerado con la pechuga hacia arriba.

Cocine durante 40 a 45 minutos.

Una vez listo, saque del horno y deje reposar durante 10 minutos antes de servir.

Información nutricional por servicio: Calorías: 608, Proteínas: 96.9g, Carbohidratos totales: 2g, Fibra alimenticia: 0.8g, Carbohidratos netos: 1.2g, Grasas totales: 21.5g

Medallones a la Pimienta con Vino Rojo y Mantequilla

Servicios: 4

Tiempo de preparación: 1 hora 15 minutos

Tiempo de cocción: 25 minutos

Ingredientes:

1 libra de medallones de res, cortados en piezas de 2 cm de espesor

½ taza de mantequilla ablandada

1 cebolla grande picada

4 dientes de ajo picados

¼ de taza de vino rojo

2 cucharaditas de granos de pimienta cascados

½ taza de aceite de oliva

1 cucharadita de salvia seca

Sal

Preparación:

Lava bien la carne bajo agua fría y seca con papel de cocina. Transfiere a una tabla para cortar grande y corta en trozos de 2 cm de espesor. Coloca la carne en una bolsa Ziploc grande y deja a un lado.

En un tazón mediano combina la cebolla, dientes de ajo, vino, granos de pimienta, aceite de oliva, salvia y alrededor de una cucharadita de sal. Mezcla bien y coloca sobre la carne. Sella la bolsa y refrigera durante 1 hora aproximadamente.

Mientras tanto, precalienta el horno a 400 grados.

Saca los medallones del refrigerador y drena, pero asegúrate de guardar la marinada. Coloca los medallones en una bandeja para hornear y agrega mantequilla. Hornea durante 10 minutos y luego voltea. Rocíe con la marinada guardada y cocina durante otros 15 minutos.

Saca del horno y sirve inmediatamente. Opcionalmente, puedes servir con un poco de mantequilla encima.

Información nutricional por servicio: Calorías: 662, Proteínas: 35.3g, Carbohidratos totales: 4.9g, Fibra alimenticia: 0.9g, Carbohidratos netos: 4g, Grasas totales: 55.4g

Bagre Marinado a la Naranja

Servicios: 4

Tiempo de preparación: 45 minutos

Tiempo de cocción: 12-15 minutos

Ingredientes:

1 libra de bagre

Jugo de 2 naranjas

1 taza de caldo de pescado

1 cucharadita de ajo en polvo

½ cucharadita orégano seco

½ cucharadita de cebolla en polvo

1 cucharadita de salsa picante

Sal

Preparación:

Lava y limpia cada pescado con agua fría. Drena en un colador grande y coloca en un tazón. Deja a un lado.

En otro tazón, mezcla el jugo, caldo de pescado, ajo en polvo, orégano, cebolla en polvo, salsa picante y la sal. Sumerje el pescado en la mezcla y envuelve firmemente con una pieza de film plástico. Refrigera durante al menos 30 minutos.

Mientras tanto, calienta una sartén antiadherente grande a fuego alto. Remueve el pescado del refrigerador y drenalo. Cocina de 12 a 15 minutos, volteando cuidadosamente una vez.

Sirve inmediatamente.

Información nutricional por servicio: Calorías: 274, Proteínas: 22g, Carbohidratos totales: 10g, Fibra alimenticia: 1g, Carbohidratos netos: 9g, Grasas totales: 15.6g

Recetas para la Cena

Bistec de Res a la Parrilla

Servicios: 4

Tiempo de preparación: 15 minutos

Tiempo de cocción: 16 minutos

Ingredientes:

1 libra de bistec flat-iron (Bistec de mayordomo o bistec hoja de ostra)

¼ de taza de mostaza Dijon

2 cucharadas de jugo de limón

¼ de cucharadita de hojuelas de pimiento rojo

1 cucharada de romero fresco finamente picado

½ cucharadita de sal marina

Preparación:

Lava los bistecs bajo agua fría y sécalos con papel de cocina, déjalos sobre una superficie limpia. Con un cuchillo afilado, corta los bistecs en tiras de aproximadamente 1 pulgada de espesor. Puedes saltarte este paso al comprar bistecs ya cortados.

Mezcla el jugo de limón, mostaza Dijon, hojuelas de pimiento, romero fresco y sal. Opcionalmente, puedes añadir una pizca de tomillo seco. Coloca la mezcla sobre los bistecs. Si tienes tiempo de sobra, envuelve los bistecs en film plástico y refrigéralos durante 1 hora antes de cocinarlos, esto permitirá que el sabor penetre la carne.

Precalienta la parrilla a temperatura media-alta. Cocina durante 8 minutos por un lado, voltea y cocina durante otros 8 minutos hasta que la carne este a medio cocer.

Sirve con espinaca ahumada o lechuga fresca.

Información nutricional por servicio: Calorías: 326, Proteínas: 46.2g, Carbohidratos totales: 2.9g, Fibra alimenticia: 1.8g, Carbohidratos netos: 1.1g, Grasas totales: 13.4g

Trucha con Ajo y Vegetales

Servicios: 2

Tiempo de preparación: 10-15 minutos

Tiempo de cocción: 10-12 minutos

Ingredientes:

2 truchas enteras, limpias y destripadas (10 onzas cada una)

1 cucharada de aceite de oliva extra virgen

2 cucharadas de jugo de limón recién exprimido

2 dientes de ajo triturados

½ cucharadita de sal marina

2 cucharadas de hojas frescas de perejil finamente picadas

Preparación:

Precalienta la parrilla a temperatura alta.

En un tazón pequeño combina el aceite, jugo de limón, ajo y perejil. Con un cuchillo afilado, realiza cortes de aproximadamente ¼ de pulgada en cada trucha. Coloca generosamente la mezcla de ajo sobre cada trucha y colócalas sobre una rejilla para hornear.

Cocina durante 5 a 6 de cada lado o hasta que estén crujientes.

Sirve con repollo picado, pepino picado, queso de cabra fresco y algunas aceitunas Kalamata.

Información nutricional por servicio: Calorías: 339, Proteínas: 38.2g, Carbohidratos totales: 1.6g, Fibra alimenticia: 0.3g, Carbohidratos netos: 1.3g, Grasas totales: 19.2g

Filetes de Pollo

Servicios: 4

Tiempo de preparación: 15 minutos

Tiempo de cocción: 14 minutos

Ingredientes:

1 libra de pechugas de pollo, deshuesadas y sin piel

¼ de taza de aceite de oliva

¼ de taza de vinagre de sidra de manzana

1 cucharada de romero fresco finamente picado

1 cucharadita de orégano seco

1 cucharadita de pimienta cayena

½ cucharadita de sal marina

Preparación:

Precalienta una sartén grande o una parrilla eléctrica a temperatura media-alta.

Lava la carne y sécala con papel de cocina. Con un cuchillo afilado, pica la carne en trozos de 1 pulgada de grosor y déjala a un lado.

Combina el aceite de oliva, sidra de manzana, romero, orégano, cayena y sal. Coloca la mezcla generosamente sobre cada filete y cocina durante 7 minutos de cada lado. De ser necesario, puedes agregar más aceite mientras cocinas para evitar que se pegue el pescado.

Información nutricional por servicio: Calorías: 246, Proteínas: 24.2g, Carbohidratos totales: 1.2g, Fibra alimenticia: 0.6g, Carbohidratos netos: 0.6g, Grasas totales: 15.7g

Albóndigas de Romero con Yogurt

Servicios: 4

Tiempo de preparación: 20-25 minutos

Tiempo de cocción: 7-8 minutos

Ingredientes:

1 libra de carne de res magra molida

3 dientes de ajo triturados

2 cucharadas de harina de almendra

1 cucharada de romero fresco triturado

2 huevos grandes batidos

½ cucharadita de sal

4 cucharadas de aceite de oliva extra virgen

Preparación:

En un tazón grande, combina la carne molida con el ajo triturado, romero, huevos y sal. Mezcla bien hasta que los ingredientes se combinen bien. Si la mezcla queda muy pegajosa, añade una cucharada de harina. Mójate levemente las manos y da forma de bolas a la carne de aproximadamente 1 pulgada y media.

Engrasa una sartén antiadherente grande con aceite. Calienta a llama media-alta. Añade las albóndigas y cocina durante 7-8 minutos, volteando ocasionalmente. Retira del fuego y deja enfriar a temperatura ambiente.

Mientras esperas, combina el yogurt griego con yogurt simple, perejil y ajo. Coloca las albóndigas enfriadas en la mezcla de yogurt y refrigera durante 1 hora antes de servir.

Información nutricional por servicio: Calorías: 383, Proteínas: 38.1g, Carbohidratos totales: 1.8g, Fibra alimenticia: 0.6g, Carbohidratos netos: 1.2g, Grasas totales: 24.5g

Sirve con ½ taza de aderezo de yogurt. Necesitaras:

1 taza de yogurt simple

1 taza de yogurt griego

2 cucharadas de perejil fresco

1 diente de ajo triturado

Combina los ingredientes en un tazón mediano y mezcla bien. Refrigera durante 15 minutos antes de servir.

Brochetas de Ternera con Tomates Cherry

Servicios: 4

Tiempo de preparación: 25 minutos

Tiempo de cocción: 15 minutos

Ingredientes:

2 libras de pescuezo de ternera, picado en piezas de bocado

10 onzas de tomates cherry

3 cebollas grandes cortadas en trozos grandes

4 cucharadas de aceite de sésamo

2 cucharadas de salsa de soya

3 cucharadas de jugo de limón

1 cucharadita de hojuelas de pimiento rojo

1 cucharadita de ajo en polvo

½ cucharadita de comino en polvo

Sal

Preparación:

Lava bien la carne y sécala con papel de cocina. Muévela a una tabla de cortar grande y pícala en trozos de bocado. Colócale un poco de sal y deja a un lado.

Lava y prepara los vegetales. Ordena la carne y vegetales en brochetas y deja a un lado.

En un tazón pequeño, mezcla el aceite de sésamo, salsa de soya, jugo de limón, hojuelas de pimiento, ajo en polvo, comino en polvo y sal. Coloca la mezcla generosamente sobre las brochetas preparadas y déjalas en el refrigerador hasta que la parrilla este lista.

Precalienta la parrilla a temperatura alta. Engrasa la parrilla con un poco de aceite y coloca las brochetas.

Cocina durante 15 minutos, volteando ocasionalmente. Mientras se cocinan, agrega el resto de la marinada.

Información nutricional por servicio: Calorías: 629, Proteínas: 64g, Carbohidratos totales: 17.1g, Fibra alimenticia: 4.2g, Carbohidratos netos: 12.9g, Grasas totales: 33g

Caldo de Cordero con Espinaca

Servicios: 4

Tiempo de preparación: 15 minutos

Tiempo de cocción: 28 minutos

Ingredientes:

1 libra de costillar de cordero

1 libra de espinaca desmenuzada

1 puerro grande cortado en trozos de bocado

4 cucharadas de aceite de oliva

2 dientes de ajo

½ cucharadita de sal

Preparación:

Lava la carne y frótala con sal. Colócala en la olla de presión y agrega suficiente agua para cubrir la carne. Sella la tapa y cocina hasta que este suave, el tiempo variará según tu olla de presión. Deja salir el vapor y abre la tapa. Saca la carne y deja el líquido dentro. Deja a un lado.

Engrasa una olla honda con aceite de oliva y caliéntala a fuego medio-alto. Añade el ajo y revuelve durante 2 a 3 minutos. Añade la espinaca y el puerro y sigue cocinando por otros 3 minutos.

Ahora, añade la carne y el caldo. Deja hervir y cocina durante 3 a 4 minutos.

Sirve inmediatamente.

Información nutricional por servicio: Calorías: 373, Proteínas: 35.5g, Carbohidratos totales: 7.8g, Fibra alimenticia: 2.9g, Carbohidratos netos: 4.9g, Grasas totales: 22.8g

Calamar Relleno con Romero y Pasta de Tomate y Aceituna

Servicios: 4

Tiempo de preparación: 25 minutos

Tiempo de cocción: 20 minutos

Ingredientes:

12 onzas de calamares limpiados con sus tentáculos

4 onzas de pasta de tomate

5 onzas de aceitunas, sin semilla y cortadas

8 tomates cherry

10 onzas de queso parmesano rallado

1 onza de harina de almendra

2 dientes de ajo triturados

1 cucharadita de romero seco

½ cucharadita de tomillo seco

1 cucharada de estevia granulada

3 cucharadas de aceite de oliva

Preparación:

Engrasa una sartén antiadherente grande con aceite de oliva y caliéntala a fuego medio-alto sin permitir que ahúme. Añade la pasta de tomate, tomates cherry, ajo, romero, tomillo y estevia. Mezcla bien y cocina durante 2 a 3 minutos, mezclando constantemente.

Saca del fuego y transfiere todo a un tazón. Añade las aceitunas, parmesano y harina de almendra. Sazona con sal y rellena los calamares con la mezcla. Asegura cada calamar con mondadientes y colócalos sobre la sartén con los tentáculos y el resto de la mezcla de pasta de tomate.

Baja el calor a llama media y cocina durante 15 minutos, volteando una vez con mucho cuidado.

Información nutricional por servicio: Calorías: 345, Proteínas: 27.6g, Carbohidratos totales: 12.1g, Fibra alimenticia: 4.2g, Carbohidratos netos: 7.9g, Grasas totales: 18.8g

Curry de Pollo

Servicios: 3

Tiempo de preparación: 15 minutos

Tiempo de cocción: 20 minutos

Ingredientes:

1 libra de pechuga de pollo deshuesada y sin piel, cortada en trozos de bocado

1 cucharada de jugo de limón

3 cucharaditas de sal

1 ½ cucharaditas de ají en polvo

½ taza de yogurt griego simple

3 cucharaditas de pasta de ajo

3 cucharadas de pasta de jengibre

½ cucharadita de garam masala

4 cucharadas de aceite vegetal

2 cucharadas de mantequilla

1 cucharadita de pimienta negra

2 vainas de cardamomo verde, trituradas

2 clavos de olor triturados

1 palillo de canela

2 cucharadas de pasta de tomate

½ taza de agua

2 cucharadas de estevia granulada

½ cucharadita de apio seco

½ cucharada de crema espesa

Preparación:

Corta la carne en trozos de bocado y colócala en un tazón mediano. Coloca encima el jugo de limón, algo de sal y una cucharadita de ají en polvo. Mezcla bien y deja a un lado.

En un tazón aparte, combina el yogurt griego, dos cucharaditas de pasta de ajo, dos cucharaditas de pasta de jengibre, garam masala, media cucharadita de ají en polvo y algo de sal. Añade el pollo previamente preparado y mezcla una vez más.

Calienta un poco de aceita en una sartén grande a fuego medio-alto. Añade el pollo y cocina durante 10 a 12 minutos, revolviendo ocasionalmente. Al finalizar, saca el pollo de la sartén y deja a un lado.

Derrite un poco de mantequilla en la misma sartén y añade el cardamomo verde, pimienta negra, clavos de olor y el palillo de canela. Cocina durante 1 a 2 minutos, revolviendo constantemente. Ahora, añade una cucharadita de pasta de jengibre, una cucharadita de pasta de ajo, pasta de tomate y lo que quedo del ají en polvo además de un poco de sal. Agrega agua y añade estevia y apio, revolviendo constantemente.

Finalmente, agrega el pollo previamente preparado y la crema espesa. Mezcla bien y retira del fuego.

Sirve inmediatamente.

Información nutricional por servicio: Calorías: 577, Proteínas: 49.2g, Carbohidratos totales: 7.1g, Fibra alimenticia: 1.2g, Carbohidratos netos: 5.9g, Grasas totales: 38.7g

Carne de Res Salteada al Estilo Chino

Servicios: 3

Tiempo de preparación: 15 minutos

Tiempo de cocción: 17-20 minutos

Ingredientes:

12 onzas de pescuezo de res cortado en tiras finas

1 cebolla picada

2 dientes de ajo triturados

3 cucharadas de salsa de soya

1 cucharada de salsa de ostras

2 cucharadas de vino de cocina chino

2 cucharaditas de estevia en polvo

4 cucharadas de aceite de sésamo

1 cucharada de almidón de maíz

3 cucharadas de agua

Sal y pimienta negra

Preparación:

Calienta algo de aceite en una sartén grande a llama media. Añade las cebollas y el ajo. Revuelve bien y cocina hasta que estén traslucidos.

Ahora, añade la carne y sigue cocinando durante 8 a 10 minutos. Revuelve ocasionalmente.

Al finalizar, agrega la salsa de soya, salsa de ostras, vino de cocina chino y la estevia. Agrega algo de agua y cocina durante 1 a 2 minutos.

Opcionalmente, puedes servir con arroz y coliflor.

Información nutricional por servicio: Calorías: 408, Proteínas: 36g, Carbohidratos totales: 7.9g, Fibra alimenticia: 1g, Carbohidratos netos: 6.9g, Grasas totales: 25.3g

Bistec de Res con Hongos Ostra

Servicios: 4

Tiempo de preparación:

Tiempo de cocción:

Ingredientes:

1 libra de solomillo, picado en tiras de 2 centímetros de espesor

12 onzas de hongos ostra enteros

1 cebolla morada picada

¼ de taza de aceite de oliva

2 cucharaditas de paprika ahumada

1 cucharaditas de pimienta cayena

Sal y pimienta negra recién molida

Preparación:

Saca el bistec del refrigerador al menos 30 minutos antes de empezar a cocinar.

Agrega generosamente el aceite de oliva junto con la pimienta cayena y la paprika ahumada encima de la carne.

Calienta lo que resta de aceite en una sartén grande a llama alta. Añade el bistec y cocina durante 5 a 6 minutos, volteando una vez. Una vez listo, retira del sartén y añade los hongos y la cebolla morada.

Cocina durante otros 5 minutos, volteando una vez.

Sirve los bistecs con los hongos y cebollas. Sazona con sal y la pimienta negra recién molida.

Información nutricional por servicio: Calorías: 353, Proteínas: 37.7g, Carbohidratos totales: 6.3g, Fibra alimenticia: 2g, Carbohidratos netos: 4.3g, Grasas totales: 20.2g

Pechuga de Pollo a la Hawaiana

Servicios: 3

Tiempo de preparación:

Tiempo de cocción:

Ingredientes:

12 onzas de pechugas de pollo, deshuesadas y sin piel

2 rebanadas de piña fresca

½ pimiento rojo picado

1 cebolleta finamente picada

2 cucharadas de salsa de soya

2 cucharaditas de comino en polvo

¼ de taza de jugo de tomate sin azúcar

2 cucharadas de vinagre de sidra de manzana

1 cucharada de jugo de limón

2 cucharadas de estevia granulada

1 cucharadita de cebolla en polvo

Sal y pimienta negra recién molida al gusto

4 cucharadas de aceite vegetal

Preparación:

Engrasa un sartén grande con aceite y precalienta a llama media-alta.

Frota la carne con la salsa de soya y el comino en polvo. Colócala en la sartén y cocina durante 4 a 5 minutos, volteando una vez.

Mientras tanto, en un tazón pequeño, mezcla el jugo de tomate, vinagre de sidra de manzana, jugo de limón, azúcar y cebolla en polvo. Añade algo de sal y pimienta al gusto y coloca la mezcla sobre la sartén.

Deja hervir y reduce la llama a medio. Añade las rebanadas de piña y continúa cocinando durante 10 minutos, volteando ocasionalmente.

Una vez listo, agrega la cebolleta y el pimiento rojo. Sirve inmediatamente.

Información nutricional por servicio: Calorías: 323, Proteínas: 25.6g, Carbohidratos totales: 6.5g, Fibra alimenticia: 0.9g, Carbohidratos netos: 5.6g, Grasas totales: 21.4g

Curry Verde Tailandés

Servicios: 4

Tiempo de preparación: 15 minutos

Tiempo de cocción: 15 minutos

Ingredientes:

1 libra de pechugas de pollo, deshuesadas y sin piel, cortadas en trozos de bocado

1 cucharada de pasta de curry verde

1 calabacín mediano picado

½ pimiento rojo picado

½ cebolla mediana picada

2 ajís verdes picados

1 cucharadita de sal

1 ½ taza de leche de coco

½ taza de crema espesa

3 cucharadas de aceite vegetal

Preparación:

Coloca las pechugas de pollo picadas en un tazón grande y añade dos cucharadas de pasta de curry verde. Mezcla bien y deja a un lado.

Precaliente aproximadamente dos cucharadas de aceite a llama media. Añade la carne y cocina durante 5 a 6 minutos, revolviendo constantemente.

Mientras tanto, lava y pica los vegetales. Añade a la sartén junto con el resto de la pasta de curry verde y sigue cocinando durante otros 8 a 10 minutos.

Finalmente, agrega la leche de coco y la crema espesa. Sazona con sal y retira del fuego. Cúbrelo y deja reposar durante al menos 5 minutos antes de servir.

Información nutricional por servicio: Calorías: 508, Proteínas: 27.3g, Carbohidratos totales: 10.8g, Fibra alimenticia: 3.1g, Carbohidratos netos: 7.7g, Grasas totales: 41g

Estofado de Res

Servicios: 2

Tiempo de preparación: 10 minutos

Tiempo de cocción: 15 minutos

Ingredientes:

12 onzas de carne de res para estofado

1 cebolla grande picada

1 ½ taza de caldo de res

1 hoja de laurel

2 cucharaditas de paprika ahumada

½ cucharadita de pimienta cayena

2 cucharadas de mantequilla

Sal y pimienta

Preparación:

Derrite la mantequilla en una sartén grande a llama media. Añade la carne y cebollas. Agrega sal y cocina durante 4 a 5 minutos, revolviendo constantemente.

Añade el caldo y la hoja de laurel, paprika ahumada, pimienta cayena, sal y pimienta. Deja hervir y cocina durante 10 a 12 minutos. Revuelve ocasionalmente.

Retira del fuego y sirve.

Información nutricional por servicio: Calorías: 468, Proteínas: 55g, Carbohidratos totales: 8.5g, Fibra alimenticia: 2.5g, Carbohidratos netos: 6g, Grasas totales: 23g

Filete de Salmón con Pesto Rosso

Servicios: 2

Tiempo de preparación: 10 minutos

Tiempo de cocción: 10 minutos

Ingredientes:

1 libra de filete de salmón con piel

4 cucharadas de aceite de oliva

1 cucharadita de ajo en polvo

½ cucharadita de tomillo seco

½ cucharadita de pimienta cayena

2 cucharaditas de estevia en polvo

3 onzas de pesto rosso

2 dientes de ajo, picados

Preparación:

Precalienta una sartén a llama media.

En un tazón pequeño, combina el aceite, ajo en polvo, tomillo seco, pimienta cayena y azúcar. Añade generosamente la mezcla sobre los filetes de salmón y coloca sobre la sartén con la piel hacia abajo. Cocina durante 5 a 6 minutos.

Añade el pesto rosso sobre la carne y sigue cocinando durante otros 2 a 3 minutos.

Retira del fuego y sirve con ajo.

Información nutricional por servicio: Calorías: 551, Proteínas: 44.5g, Carbohidratos totales: 2.4g, Fibra alimenticia: 0.4g, Carbohidratos netos: 2g, Grasas totales: 42.1g

Trucha al Limón con Vegetales

Servicios: 5

Tiempo de preparación: 15 minutos

Tiempo de cocción: 10-12 minutos

Ingredientes:

1 libra de filete de trucha sin piel

2 cucharadas de cáscara de limón finamente rallada

4 cucharadas de aceite de oliva

2 cucharaditas de aderezo italiano

2 cucharaditas de salsa de soya

5 onzas de guisantes verdes enlatados

10 onzas de brócoli, picado en ramilletes pequeños

7 onzas de frijoles verdes picados

Sal y pimienta negra recién molida

Preparación:

Engrasa un sartén grande con aceite de oliva y calienta a fuego medio-alto.

Cubre los filetes con la cáscara de limón y agrega el aderezo italiano. Coloca en la sartén y cocina durante 3 a 4 minutos de cada lado. Una vez listo, retira del sartén y deja a un lado.

Añade los guisantes, brócoli y frijoles al mismo sartén. Sazona con algo de sal y pimienta y añade la salsa de soya. Cocina durante 5 minutos, revolviendo ocasionalmente. De ser necesario, añade alrededor de dos cucharadas de agua.

Vuelve a colocar los filetes en el sartén y caliéntalos. Sirve inmediatamente.

Información nutricional por servicio: Calorías: 316, Proteínas: 27.1g, Carbohidratos totales: 8.4g, Fibra alimenticia: 3.1g, Carbohidratos netos: 5.3g, Grasas totales: 19.7g

Recetas para Bocadillos

Batido de Helado de Fresa

Servicios: 3

Tiempo de preparación: 5 minutos

Tiempo de cocción: -

Ingredientes:

1 taza de fresas congeladas

1 taza de leche de almendra sin azúcar

3 cucharadas de aceite de coco

2 cucharadas de estevia granulada

1 taza de crema batida

1 taza de cubos de hielo

2 cucharaditas de extracto de vainilla

Preparación:

Coloca los ingredientes en una licuadora y mezcla hasta que este homogéneo. Puedes añadir una cucharadita de extracto de vainilla o fresa para mejorar el sabor.

¡Disfruta!

Información nutricional por servicio: Calorías: 271, Proteínas: 1.5g, Carbohidratos totales: 5.9g, Fibra alimenticia: 1.3g, Carbohidratos netos: 4.6g, Grasas totales: 27.3g

Helado de Cereza

Servicios: 3

Tiempo de preparación: 10 minutos

Tiempo de cocción: -

Ingredientes:

2 tazas de yogurt griego de vainilla

½ taza de crema espesa

¼ de taza de crema batida

3 cucharadas de estevia granulada

2 cucharaditas de extracto de cereza amarga

Preparación:

Coloca todos los ingredientes en una licuadora y mezcla hasta que este homogéneo. Coloca la mezcla en un contenedor y congela durante 4 horas antes de servir.

Información nutricional por servicio: Calorías: 199, Proteínas: 14.1g, Carbohidratos totales: 6.2g, Fibra alimenticia: 0g, Carbohidratos netos: 6.2g, Grasas totales: 13.2g

Malteada de Bayas Surtidas

Servicios: 3

Tiempo de preparación: 5 minutos

Tiempo de cocción: -

Ingredientes:

¼ de taza de moras congeladas

¼ de taza de frambuesas congeladas

2 tazas de leche de almendra sin azúcar

1 cucharada de polvo proteico

2 cucharadas de jugo de limón recién exprimido

1 cucharadita de estevia en polvo

3 cucharadas de aceite de coco

Preparación:

Coloca todos los ingredientes en una licuadora y mezcla hasta que este homogéneo. Sirve frio.

Información nutricional por servicio: Calorías: 209, Proteínas: 8.3g, Carbohidratos totales: 8.7g, Fibra alimenticia: 1.7g, Carbohidratos netos: 7g, Grasas totales: 16.7g

Bolitas de Espinaca Cruda con Almendras

Servicios: 3

Tiempo de preparación: 15 minutos

Tiempo de cocción: -

Ingredientes:

9 onzas de espinaca picada

¼ de taza de almendras finamente picadas

½ taza de queso crema

1 cebolla pequeña picada

2 dientes de ajo triturados

1 cucharada de semillas de calabaza

2 cucharadas de queso feta desmenuzado

½ cucharadita de tomillo seco

¼ de cucharadita de salvia seca

Sal y pimienta

Preparación:

Lava la espinaca bajo agua fría y drénala en un colador grande. Coloca en un procesador de comida con el resto de los ingredientes y mezcla hasta que este homogéneo.

Da forma de bolitas a la mezcla y deja refrigerar durante 30 minutos antes de servir.

Información nutricional por servicio: Calorías: 245, Proteínas: 9.1g, Carbohidratos totales: 9.6g, Fibra alimenticia: 3.6g, Carbohidratos netos: 6g, Grasas totales: 20.5g

Helado de Arándanos

Servicios: 3

Tiempo de preparación: 10 minutos

Tiempo de cocción: -

Ingredientes:

1 taza de crema batida espesa

1 taza de yogurt griego simple

1 cucharada de arándanos

2 cucharaditas de extracto de arándano

¼ de taza de estevia granulada

Preparación:

Combine los ingredientes en una batidora o procesador de alimentos. Mezcle hasta que este homogéneo y cremoso. Congele durante 1 hora.

Saque 3 bolas de la mezcla congelada con una cucharada de heladero y coloque en un plato para servir. Opcionalmente, puede agregar algunas almendras o bayas de goji.

Información nutricional por servicio: Calorías: 190, Proteínas: 7.6g, Carbohidratos totales: 4.3g, Fibra alimenticia: 0.1g, Carbohidratos netos: 4.2g, Grasas totales: 16.2g

Creme Brulee

Servicios: 2

Tiempo de preparación: 40 minutos

Tiempo de cocción: 45 minutos

Ingredientes:

1 taza de leche de almendra sin azúcar

¼ de taza de yogurt griego simple

1 huevo

2 claras de huevo

1 grano de vainilla cortado a lo largo

1 cucharadita de extracto de vainilla

¼ de taza de estevia granulada y un poco más para servir

Preparación:

En un tazón grande, combina la leche con el yogurt griego. Usando un cuchillo afilado, saca las semillas del grano e vainilla y añádelas a la mezcla cremosa. Añade una cucharadita de extracto de vainilla y mezcla bien. Cuece a fuego lento durante 5 minutos.

En otro tazón, mezcla las claras de huevo, el huevo y ¼ de taza de estevia. Añade una cucharada de mezcla cremosa tibia y mezcla bien nuevamente hasta que este homogéneo. Finalmente, añade el resto de la mezcla y viértela en 2 moldes estándar. Deja a un lado.

Coloca cada molde en una bandeja para hornear y vierte suficiente agua hirviendo hasta llegar a 1/3 de la altura. Hornea durante 40 minutos. Las natillas deberían temblar levemente en el centro cuando se agitan. Retira del horno y deja enfriar por 30 minutos.

Agrega una cucharada de estevia sobre cada natilla. Quema equitativamente con una antorcha de cocina hasta que se dore.

Información nutricional por servicio: Calorías: 88, Proteínas: 9.4g, Carbohidratos totales: 2.4g, Fibra alimenticia: 0.5g, Carbohidratos netos: 1.9g, Grasas totales: 4.5g

Brochetas Picantes de Camarón

Servicios: 2

Tiempo de preparación: 15 minutos

Tiempo de cocción: 4-5 minutos

Ingredientes:

1 libra de camarones

3 cucharadas de aceite de oliva

1 cucharadita de ají en polvo

½ cucharadita de sal

1 cucharadita de paprika ahumada

½ cucharaditas de ajo en polvo

1 cucharada de jugo de lima

Preparación:

Precalienta una sartén antiadherente a fuego alto.

Lava bien los camarones en agua fría y drénalos en un tamiz grande. Divídelos en brochetas de madera y déjalos a un lado.

En un tazón pequeño, mezcla el ají en polvo, sal, paprika ahumada y ajo en polvo. Cubre los camarones con aceite de oliva y agrega la mezcla picante.

Cocina durante 4 a 5 minutos, volteando ocasionalmente. Una vez listo, agrega el jugo de lima y sirve.

Información nutricional por servicio: Calorías: 488, Proteínas: 57.4g, Carbohidratos totales: 5.8g, Fibra alimenticia: 0.9g, Grasas totales: 25.7g

Ensalada de Muslo de Pollo con Champiñones

Servicios: 2

Tiempo de preparación: 15 minutos

Tiempo de cocción: 35 minutos

Ingredientes:

4 muslos de pollo pequeños (aproximadamente 1 libra)

3.5 onzas de champiñones enteros

1 tomate cherry

2 onzas de lechuga

1 cucharada de aceite de oliva

1 cucharada de mostaza Dijon

2 cucharadas de vinagre de sidra de manzana

1 cucharadita de jugo de limón recién exprimido

1 cucharada de romero seco

½ cucharadita de sal rosa del Himalaya

Aceitas Kalamata (opcional para servir)

Spray de cocina

Preparación:

Precalienta el horno a 350 grados. Coloca papel encerado en una bandeja para hornear y deja a un lado.

En un tazón pequeño, combina la mostaza con el aceite de oliva, romero seco, sidra de manzana y la sal. Revuelve bien y coloca la mezcla sobre la carne. Transfiere todo a la bandeja y cocina durante 35 minutos, volteando una vez. Una vez listo, saca la carne del horno y deja enfriar a temperatura ambiente.

Mientras tanto, rocía una sartén antiadherente grande con spray de cocina. Añade los champiñones y cocina durante 10 minutos, revolviendo ocasionalmente. Retira del fuego y deja enfriar a temperatura ambiente.

Lava y prepara los vegetales. Colócalos en un tazón para servir. Añade los champiñones y revuelve bien. Coloca los muslos de pollo encima de todo.

Opcionalmente, puedes agregar aceitunas Kalamata

Información nutricional por servicio: Calorías: 433, Proteínas: 67.9g, Carbohidratos totales: 4.4g, Fibra alimenticia: 1.7g, Carbohidratos netos: 2.7g, Grasas totales: 14.6g